초등학교 2학년 읽기 유창성 프로그램

따스함

실력편 봄

교재 음성 파일

따스함 실력편 봄

초등학교 2학년 읽기 유창성 프로그램

1판 1쇄 발행 2021년 3월 17일
1판 13쇄 발행 2025년 3월 5일

글 김중훈 김소민 노소온
감수 배움찬찬이연구회
편집 김선희
편집지원 구윤숙 김요섭
일러스트 정수현
디자인 이희수
제작 이광우
경영지원 이성경
인쇄 한국학술정보(주)
성우 원구슬 김사랑
녹음 올제뮤직스튜디오 김용빈
ISBN 979-11-89782-29-0 (63710)
값 8,900원

템북 TEMBOOK
주소 인천 중구 흰바위로 59번길 8, 지웰오피스텔 1036호
전화 032-752-7844
팩스 032-752-7840
홈페이지 tembook.kr
출판등록 2018년 3월 9일 제2018-000006호

초등학교 2학년 읽기 유창성 프로그램

따라 읽기 · **스**스로 읽기 · **함**께 읽기

따스함

실력편 봄

저자
김중훈 김소민 노소온

감수
배움찬찬이연구회

이 책의 목적

이 책의 목적은 학생들의 읽기 유창성 향상에 있다. 읽기 유창성은 정확하고, 적절한 속도로 물 흐르듯이 부드럽게 읽는 것을 의미한다. 그동안 우리는 아이들이 초등학교에 입학하여 한글을 해득하고, 2학년 정도가 되면 자연스럽고 유창하게 잘 읽을 것이라는 막연한 기대를 가지고 있었다. 하지만 유창하게 읽지 못하는 학생들이 생각보다 많다. 미국의 국가교육통계센터(NAEP)에 의하면, 초등학교 4학년 학생들 중 35%가 유창하게 읽지 못했다고 한다. 이것은 학생들에게 읽기 유창성 교육이 중요하다는 것을 의미한다. 국가읽기위원회(National Reading Panel)는 초등학교 5학년까지 읽기 유창성 교육이 필요하며, 읽기 부진이나 학습 장애 학생은 이후에도 읽기 유창성 교육이 도움이 된다고 말하고 있다.

유창하게 읽으면, 아이들은 책을 좋아하게 된다

많은 연구 결과에서 읽기 유창성은 읽기 이해와 매우 높은 상관성을 가지고 있다고 언급한다. 따라서 유창하게 읽지 못한다는 것은 곧 읽기 이해가 낮음을 의미한다. 아마 초등학교 교사라면 물 흐르듯이, 표현을 잘 살려 읽는 학생은 글 내용의 이해도가 높음을 알고 있을 것이다. 반면 유창하게 읽지 못하는 학생은 글 읽기에 인지적 자원을 많이 사용하기 때문에 읽은 후에 내용 파악이 더 어렵다. 이러한 이유로 읽기 유창성을 획득한 아이들은 내용에 더 집중할 수 있고, 결국 책 읽기를 좋아하게 된다. 읽기 교육에서 읽기 유창성은 단어 읽기와 읽기 이해를 연결하는 교량 또는 연결 고리이기에 그 중요성은 더욱 강조되고 있다.

읽기 부진 학생에게 효과가 있다

읽기 유창성 향상을 위한 효과적인 방법은 소리 내어 반복해서 읽기(Guided Repeated Oral Reading)이다. 이 책은 학교 현장에서 '소리 내어 반복해서 읽기'를 효과적으로 적용하기 위해 '시범 읽기'와 '또래 교수'라는 방법을 적용했다. 이를 제주도의 한 학급에서 시작해서 강원도와 인천의 여러 학교에 적용한 결과, 참여한 대부분 학생들의 읽기 능력이 뚜렷하게 향상되었다. 그리고 읽기 유창성과 함께 읽기 이해에도 효과가 있었다. 특히 하위권 학생의 향상이 눈에 띄었다. 처음에는 정확도가, 점점 시간이 지나면서 신속성과 표현력 그리고 이해력까지 향상되었다.

교실과 가정에서 쉽게 활용이 가능하다

이 교재는 학교와 가정에서 쉽고 편리하게 활용할 수 있도록 음성 자료(안내, 시범읽기)를 제공한다. 따라서 온라인 가정학습으로도 활용할 수 있다. 글을 읽고 이해한 정도를 확인하는 문제풀이와 어려운 단어 쓰기 연습도 함께 제공하고 있다. 현장 연구에 참여한 선생님들은 주 3회 이상 꾸준히 적용하는 것이 가장 중요하다고 보았다. 처음에는 잘 모르다가 어느새 점점 학생들이 유창하게 읽는 모습을 보이고, 한 달 이상 지나면서 눈에 띄게 발전하고 두 달이 되면 학생들의 전반적인 읽기 능력 향상되었다고 말했다.

교실에 있는 우리 아이들을 위해 만들었다

배움찬찬이연구회에서 처음부터 읽기 유창성에 관심을 가졌던 것은 아니다. 한글을 읽지 못하던 학생이 한글을 성공적으로 해득하면, 가르치는 교사와 부모 모두 학생이 부드럽고 유창하게 읽기를 기대하게 된다. 이렇게 읽기가 어려운 아이들을 따라가다 보니 현장에서 쉽게 활용할 수 있는 체계적인 유창성 프로그램이 필요하다는 것을 알게 되었다. 무엇보다 이 책이 다문화 가정과 환경적으로 독서 경험이 부족한 학생들의 읽기 발달에 도움이 되길 기대한다.

저자를 대표하여, 김중훈

활용 방법

이 교재는 학교와 가정에서 학생이 편리하게 사용할 수 있도록 음성 파일을 제공하고 있다. 구체적인 활용 방법은 아래와 같다.

1. 음성 파일
- www.basic123.net
- QR 코드를 통한 실행

2. 교재의 음성 파일 순서
① 시범 읽기 : 선생님 (시범)
② 따라 읽기 : 선생님 (시범) + 학생 (따라 읽기)
③ 스스로 읽기 또는 함께 읽기

3. 학생 스스로 읽기 연습 과정 표시하기

※ 열심히 연습하고 □안에 동그라미 표 하세요.

1. 들으며 읽기	2. 따라 읽기	3. 짝과 함께 읽기		4. 스스로 연습하기
		학생 역할	선생님 역할	

※ 참고 : <3.짝과 함께 읽기>는 상황에 따라 <4.스스로 연습하기>(3회)로 전환하여 진행할 수 있다.

4. 확인하기 및 쓰기
- 확인하기는 본문을 읽고, 읽기 이해를 점검하는 단계이다.
  차시별로 2개의 내용 확인문제가 있다.
- 쓰기는 본문 중에 어려운 단어를 선정하여 쓰기 연습을 제공한다.
  차시별로 3개의 단어 쓰기 연습을 한다.

5. 도전하기 (선택 활동)

도전하기는 선택 활동으로 읽기 유창성 향상 정도를 확인할 수 있다.
음성파일을 듣기 전(출발)과 쓰기 활동이 끝난 후(도달) 글을 소리 내어 읽도록 한다.
걸린 시간과 틀린 어절 수를 기록하여 향상도를 확인할 수 있다.

도전하기

출발	걸린 시간	___분 ___초	도달	걸린 시간	___분 ___초
	틀린 어절 수	_____어절		틀린 어절 수	_____어절

6. 선생님용 부록

선생님용 부록(82페이지)에는 사전 평가, 사후 평가, 형성 평가에 대한 안내 및 점검표가 있다.
이를 통해 학생의 읽기 향상 정도를 확인할 수 있다.

교재의 구성

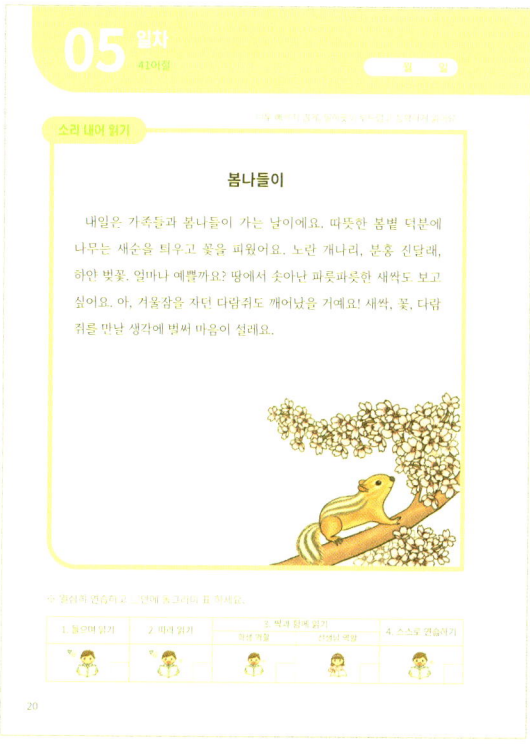

▶ 차시별 제목과 어절 수가 표시되어 있다.

▶ **본문**
설명글, 이야기글, 동시가 있다.

▶ **삽화**
내용에 따라 이해를 돕는 삽화가 있다.

▶ **읽기 연습 과정을 스스로 표시한다.**

▶ **확인하기**
읽은 내용을 잘 이해하였는지 점검한다.

▶ **쓰기**
본문 중에 어려운 단어를 선정하여 쓰기 연습을 한다.

▶ **도전하기**
읽기 유창성 향상도를 확인할 수 있다.

차례

봄을 노래해요

순서	갈래	글의 제목	쓰기 연계	쪽
1	동시	똑 닮은 우리	받침 ㄱ	12
2	동시	비 오는 날	받침 ㅇ	14
3	동시	거울놀이	받침 ㄹ	16
4	이야기글	새로운 교실	받침 ㄴ	18
5	이야기글	봄나들이	받침 ㄱ	20
6	설명글	봄에 찾아오는 손님	받침 ㅁ	22
7	설명글	수수께끼	받침 ㄴ	24
8	설명글	꼬리로 무얼 할까	받침 ㅇ	26
9	설명글	제비	받침 ㅁ	28
10	설명글	봄을 알리는 꽃	받침 ㄹ	30
형성 평가	설명글	의사 장기려		32
형성 평가	이야기글	쓰레기 버리는 날		33

봄을 이야기해요

순서	갈래	글의 제목	쓰기 연계	쪽
11	이야기글	맛있는 봄 식탁	받침 ㄹ	36
12	설명글	꽃샘추위	받침 ㅂ	38
13	이야기글	숨바꼭질	받침 ㄱ	40
14	설명글	개구리의 먹이 사냥	받침 ㅁ	42
15	설명글	벌레 이야기	받침 ㄴ	44
16	설명글	똥의 변신	받침 ㄹ	46

순서	갈래	글의 제목	쓰기 연계	쪽
17	설명글	재미있는 식물 이름	받침 ㄹ	48
18	설명글	땅속 살림꾼 지렁이	받침 ㅇ	50
19	설명글	라면을 좋아하세요?	받침 ㅁ	52
20	이야기글	영리한 개	받침 ㄹ	54
형성 평가	설명글	유일한		56
형성 평가	이야기글	진정한 부자		57

봄을 배워요

순서	갈래	글의 제목	쓰기 연계	쪽
21	설명글	몸에 좋은 카레	받침 ㄴ	60
22	이야기글	봄맞이	받침 ㄹ	62
23	설명글	장수말벌 조심하세요	받침 ㅂ	64
24	설명글	나라마다 다른 식사 예절	받침 ㄱ	66
25	설명글	황사	받침 ㄹ	68
26	설명글	민들레	받침 ㅇ	70
27	설명글	소중한 갯벌	받침 ㅅ	72
28	설명글	바오바브나무	받침 ㄱ	74
29	설명글	삼일절	받침 ㄹ	76
30	설명글	재미있는 제주도 사투리	받침 ㅇ	78

선생님용 부록	사전 평가, 사후 평가, 점검표		82

1
봄을 노래해요

똑 닮은 우리
비 오는 날
거울놀이
새로운 교실
봄나들이
봄에 찾아오는 손님
수수께끼
꼬리로 무얼 할까
제비
봄을 알리는 꽃

의사 장기려
쓰레기 버리는 날

01 일차
26어절

월   일

소리 내어 읽기

너무 빠르지 않게, 말하듯이 부드럽고 정확하게 읽어요.

똑 닮은 우리

나와 내 짝꿍은

참 많이 닮았어요

동그란 안경

왼쪽 볼에 작은 점

발 크기도 똑같아요

활짝 웃을 때 보이는

하얀 앞니가 빠진 것도

우리 둘이 똑같아요

※ 열심히 연습하고 □안에 동그라미 표 하세요.

1. 들으며 읽기	2. 따라 읽기	3. 짝과 함께 읽기		4. 스스로 연습하기
		학생 역할	선생님 역할	

확인하기

1. 나와 닮은 사람은 누구인가요? (   )

   ① 내 짝꿍
   ② 옆집 형

2. 나와 내 짝꿍의 닮은 점은 무엇인가요? (   )

   ① 앞니가 빠졌다.
   ② 키가 크다.

쓰기   받침 ㄱ

※ 시를 읽을 때는 시간을 재지 않아요. 글을 읽고 잘 했다고 생각한 부분에 ○표 해봅시다.

노래하듯이 읽었다.	느낌을 살려 읽었다.	띄어 읽기를 잘했다.

02 일차
36어절

월　　일

소리 내어 읽기

너무 빠르지 않게, 말하듯이 부드럽고 정확하게 읽어요.

비 오는 날

하얀 우비 입고
노란 장화 신고
고양이 우산 들고
밖으로 나가요

비를 맞고 반짝이는
풀잎을 보고요
솔솔 올라오는
흙냄새도 맡아요

후드득후드득
빗소리에 맞춰서
텀벙텀벙 첨벙첨벙
발을 굴러요

집으로 돌아가서
따뜻하게 목욕하고
창문을 열어요

와, 무지개가 떴어요

※ 열심히 연습하고 □안에 동그라미 표 하세요.

1. 들으며 읽기	2. 따라 읽기	3. 짝과 함께 읽기		4. 스스로 연습하기
		학생 역할	선생님 역할	

확인하기

1. 비가 올 때 하는 것은 무엇인가요? (   )

   ① 컴퓨터 게임
   ② 텀벙텀벙 물장난

2. 신나게 놀고 집에 돌아와서는 무엇을 하나요? (   )

   ① 목욕
   ② 책 읽기

쓰기   받침 ㅇ

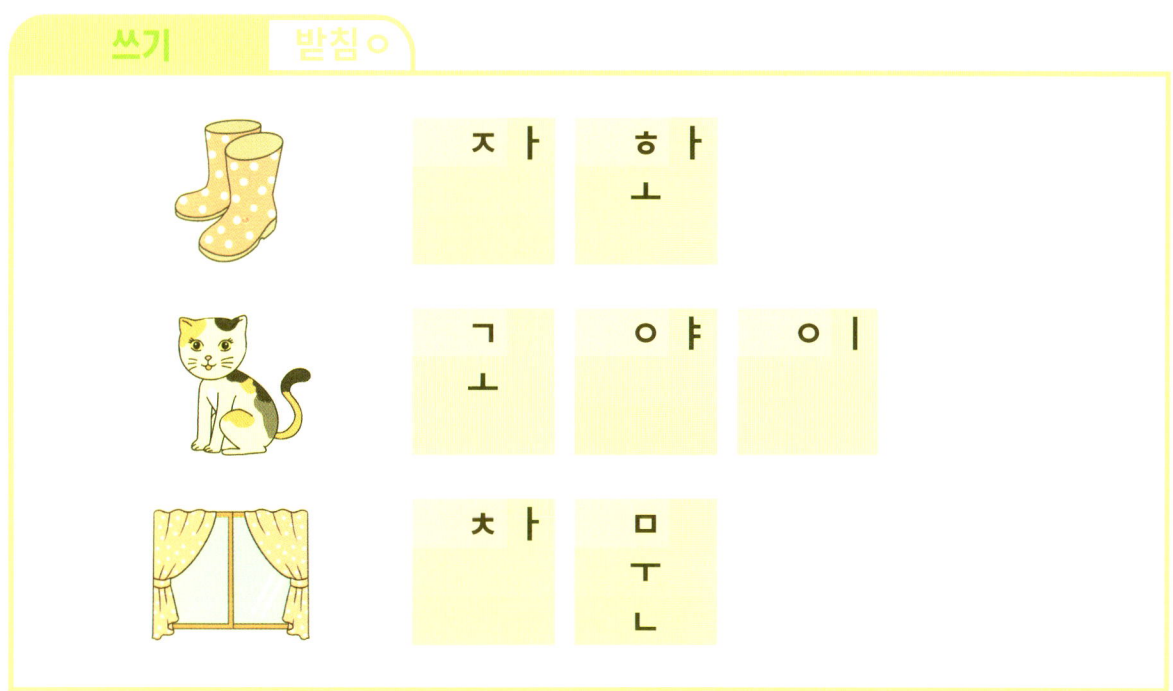

※ 시를 읽을 때는 시간을 재지 않아요. 글을 읽고 잘 했다고 생각한 부분에 ○표 해봅시다.

노래하듯이 읽었다.	느낌을 살려 읽었다.	띄어 읽기를 잘했다.

03 일차
38어절

월   일

소리 내어 읽기

너무 빠르지 않게, 말하듯이 부드럽고 정확하게 읽어요.

거울놀이

거울놀이 재밌어요
내가 웃으면 거울 속의 나도 웃고
내가 뛰면 거울 속의 나도 뛰어요

친구랑 함께하면
거울놀이 더 재미있어요
내가 오른손 들면 민희는 왼손 들고
내가 왼발 들면 민희는 오른발 들어요
내가 신나게 춤추면 민희도 흔들흔들 춤을 추지요

※ 열심히 연습하고 □안에 동그라미 표 하세요.

1. 들으며 읽기	2. 따라 읽기	3. 짝과 함께 읽기		4. 스스로 연습하기
		학생 역할	선생님 역할	

확인하기

1. 내가 좋아하는 놀이는 무엇인가요? (　　)

    ① 소꿉놀이
    ② 거울놀이

2. 거울놀이를 함께 한 사람은 누구인가요? (　　)

    ① 친구
    ② 엄마

쓰기 받침ㄹ

※ 시를 읽을 때는 시간을 재지 않아요. 글을 읽고 잘 했다고 생각한 부분에 ○표 해봅시다.

노래하듯이 읽었다.	느낌을 살려 읽었다.	띄어 읽기를 잘했다.

04 일차

54어절

소리 내어 읽기

너무 빠르지 않게, 말하듯이 부드럽고 정확하게 읽어요.

새로운 교실

오늘은 새로운 학년이 시작되는 날이다. 1층에 있는 1학년 교실을 지나 2층에 있는 교실로 찾아가야 한다.

드르륵. 떨리는 마음으로 새로운 교실 문을 열었다. 나와 친한 희천이와 푸름이가 있었다. 우리들은 같은 반이 되어 너무 좋았다.

드디어 선생님께서 들어오셨다.

"여러분, 만나서 반가워요."

선생님께서 빙그레 웃으시며 친절하게 인사를 건네셨다. 올해는 이 교실에서 좋은 일이 많이 일어날 것 같다.

※ 열심히 연습하고 □안에 동그라미 표 하세요.

1. 들으며 읽기	2. 따라 읽기	3. 짝과 함께 읽기		4. 스스로 연습하기
		학생 역할	선생님 역할	

확인하기

1. 오늘은 어떤 날인가요? (   )

    ① 새로운 학년이 시작되는 날
    ② 방학이 시작되는 날

2. 새로운 교실은 몇 층인가요? (   )

    ① 1층
    ② 2층

쓰기   받침 ㄴ

ㅇㅣ	ㅅㅏ
ㅊㅣ	ㄱㅜ
ㅊㅣ	ㅈㅓㄹ

도전하기

출발	걸린 시간	___분 ___초	도달	걸린 시간	___분 ___초
	틀린 어절 수	___어절		틀린 어절 수	___어절

05 일차
41어절

소리 내어 읽기

너무 빠르지 않게, 말하듯이 부드럽고 정확하게 읽어요.

봄나들이

내일은 가족들과 봄나들이 가는 날이에요. 따뜻한 봄볕 덕분에 나무는 새순을 틔우고 꽃을 피웠어요. 노란 개나리, 분홍 진달래, 하얀 벚꽃. 얼마나 예쁠까요? 땅에서 솟아난 파릇파릇한 새싹도 보고 싶어요. 아, 겨울잠을 자던 다람쥐도 깨어났을 거예요! 새싹, 꽃, 다람쥐를 만날 생각에 벌써 마음이 설레요.

※ 열심히 연습하고 □안에 동그라미 표 하세요.

1. 들으며 읽기	2. 따라 읽기	3. 짝과 함께 읽기		4. 스스로 연습하기
		학생 역할	선생님 역할	

확인하기

1. 봄나들이를 함께 가는 사람은 누구인가요? (   )

    ① 친구
    ② 가족

2. 봄나들이에서 보고 싶은 것은 무엇인가요? (   )

    ① 파릇파릇한 새싹
    ② 알록달록한 단풍

쓰기 받침 ㄱ

	ㄱㅏ	ㅈㅗ
	ㅅㅐ	ㅆㅏ
	ㅅㅐㅇ	ㄱㅏ

도전하기

출발	걸린 시간	___ 분 ___ 초	도달	걸린 시간	___ 분 ___ 초
	틀린 어절 수	어절		틀린 어절 수	어절

06 일차

43어절

월   일

소리 내어 읽기

너무 빠르지 않게, 말하듯이 부드럽고 정확하게 읽어요.

봄에 찾아오는 손님

여러분은 봄철에 몸이 피곤하고 나른해지면서 졸음이 쏟아지는 경험을 해 보셨나요? 이것은 겨울철에 비해 봄에 낮이 더 길어져서 우리가 활동하는 시간이 늘어났기 때문입니다. 이렇게 봄에 졸음이 쏟아지는 것을 춘곤증이라고 해요. 춘곤증을 이기기 위해서는 아침밥을 꼭 챙겨 먹고 가벼운 산책과 운동을 자주 해 주면 좋답니다.

※ 열심히 연습하고 □안에 동그라미 표 하세요.

1. 들으며 읽기	2. 따라 읽기	3. 짝과 함께 읽기		4. 스스로 연습하기
		학생 역할	선생님 역할	

확인하기

1. 춘곤증을 알맞게 설명한 것은 무엇인가요? (   )

   ① 밥을 많이 먹은 후 졸음이 쏟아지는 것
   ② 봄에 활동하는 시간이 길어져서 졸음이 쏟아지는 것

2. 춘곤증을 이기는 방법은 무엇인가요? (   )

   ① 늦게 잠을 잔다.
   ② 가벼운 산책과 운동을 한다.

쓰기 받침 ㅁ

ㅗㅗ		
ㅈㅗㄹ	ㅇㅡ	
아	치	

도전하기

출발	걸린 시간	___분 ___초	도달	걸린 시간	___분 ___초
	틀린 어절 수	___어절		틀린 어절 수	___어절

07 일차
45어절

소리 내어 읽기

너무 빠르지 않게, 말하듯이 부드럽고 정확하게 읽어요.

수수께끼

이것은 무엇일까요?

봄에 피는 꽃이에요.

잎이 나기 전에 꽃이 먼저 피어요.

우리나라 어디서나 볼 수 있어요.

분홍 꽃이 많지만 하얀 꽃도 있어요.

얼핏 보면 꽃잎이 철쭉과 닮았어요.

꽃잎으로 떡과 화채도 만들어 먹어요.

이것은 무슨 꽃일까요?

"진달래꽃입니다."

네, 맞았어요.

이제는 여러분이 친구들과 수수께끼 놀이를 해 보세요.

※ 열심히 연습하고 □안에 동그라미 표 하세요.

1. 들으며 읽기	2. 따라 읽기	3. 짝과 함께 읽기		4. 스스로 연습하기
		학생 역할	선생님 역할	

확인하기

1. 진달래의 꽃잎은 무슨 색인가요? (   )

   ① 노란색
   ② 분홍색

2. 진달래와 꽃잎이 비슷하게 생긴 꽃은 무엇인가요? (   )

   ① 철쭉
   ② 개나리

쓰기   받침 ㄴ

도전하기

출발	걸린 시간	___분 ___초	도달	걸린 시간	___분 ___초
	틀린 어절 수	_____ 어절		틀린 어절 수	_____ 어절

08 일차
48어절

너무 빠르지 않게, 말하듯이 부드럽고 정확하게 읽어요.

소리 내어 읽기

꼬리로 무얼 할까

많은 동물들은 엉덩이에 꼬리가 있어요. 동물은 꼬리를 아주 다양하게 이용합니다. 원숭이는 꼬리로 나무에 매달릴 수 있고, 치타는 꼬리로 달리는 방향을 바꿀 수도 있어요. 또 동물은 꼬리로 감정을 표현하기도 해요. 강아지는 반가울 때 꼬리를 살랑살랑 흔들어요. 고양이는 꼬리를 곤두세워 화난 감정을 표현하지요. 우리 몸에도 동물처럼 꼬리가 있다면 어떨까요?

※ 열심히 연습하고 □안에 동그라미 표 하세요.

1. 들으며 읽기	2. 따라 읽기	3. 짝과 함께 읽기		4. 스스로 연습하기
		학생 역할	선생님 역할	

확인하기

1. 동물 꼬리의 역할로 알맞은 것은 무엇인가요? (   )

   ① 감정을 표현함
   ② 소리를 냄

2. 알맞은 설명은 무엇인가요? (   )

   ① 고양이는 화가 나면 꼬리를 세운다.
   ② 강아지는 화가 나면 꼬리를 흔든다.

쓰기   받침 ㅇ

가	아	지
어	더	이

사	라	사	라
ㄹ		ㄹ	

도전하기

출발	걸린 시간	___분 ___초	도달	걸린 시간	___분 ___초
	틀린 어절 수	_____어절		틀린 어절 수	_____어절

09 일차
53어절

소리 내어 읽기

너무 빠르지 않게, 말하듯이 부드럽고 정확하게 읽어요.

제비

지지배배 지지배배, 제비 울음소리가 들리면 사람들은 봄이 되었다고 느꼈어요. 따뜻한 남쪽 나라로 날아갔던 제비가 봄이 되면 우리나라로 돌아오기 때문이죠. 남쪽에서 돌아온 제비는 사람들의 집이나 바위에 둥지를 만들고 새끼를 낳아 키워요.

따뜻한 봄소식을 전해 주는 제비를 사람들은 행운을 가져다주는 새라고 생각했어요. 그래서 좋은 소식을 사람들에게 많이 전해 주라고 제비가 우체국의 상징이 되었답니다.

※ 열심히 연습하고 □안에 동그라미 표 하세요.

1. 들으며 읽기	2. 따라 읽기	3. 짝과 함께 읽기		4. 스스로 연습하기
		학생 역할	선생님 역할	

확인하기

1. 우리나라에서 언제 제비를 볼 수 있나요? ( )

   ① 봄
   ② 겨울

2. 제비의 울음소리를 표현한 것은 무엇인가요? ( )

   ① 소쩍소쩍
   ② 지지배배

쓰기   받침 ㅁ

	울	음
	나	쯕
	사	람

도전하기

출발	걸린 시간	___분 ___초	도달	걸린 시간	___분 ___초
	틀린 어절 수	_____어절		틀린 어절 수	_____어절

10 일차
47어절

월   일

소리 내어 읽기

너무 빠르지 않게, 말하듯이 부드럽고 정확하게 읽어요.

봄을 알리는 꽃

가장 먼저 피는 봄꽃이 무엇인지 아시나요? 개나리, 진달래, 벚꽃이라고요? 아니에요. 추운 겨울을 이겨 내고 가장 먼저 피는 꽃은 매화입니다. 매화는 눈 속에서도 꽃을 피운답니다.

매화는 다른 봄꽃들처럼 잎이 돋아나기 전에 꽃이 먼저 피어요. 그리고 여름이면 꽃이 진 자리에 상큼한 매실이 열리지요. 그래서 매화가 피는 나무를 '매실나무'라고 부른답니다.

※ 열심히 연습하고 □안에 동그라미 표 하세요.

1. 들으며 읽기	2. 따라 읽기	3. 짝과 함께 읽기		4. 스스로 연습하기
		학생 역할	선생님 역할	

확인하기

1. 봄에 가장 먼저 피는 꽃은 무엇인가요? (   )
   ① 벚꽃
   ② 매화

2. 매실은 언제 열리나요? (   )
   ① 봄
   ② 여름

쓰기   받침 ㄹ

| 매 | 시 |
| | |

| 겨 | | 우 |
| | | |

| 지 | 다 | 래 |
| ㄴ | | |

도전하기

출발	걸린 시간	___ 분 ___ 초	도달	걸린 시간	___ 분 ___ 초
	틀린 어절 수	___ 어절		틀린 어절 수	___ 어절

형성평가

100어절

| 월 | 일 |

소리 내어 읽기

너무 빠르지 않게, 말하듯이 부드럽고 정확하게 읽어요.

의사 장기려

1950년 한국 전쟁으로 가족과 헤어진 장기려는 북한에 있는 부인과 아이들을 늘 그리워했습니다. '내가 누군가를 돕는다면, 다른 누군가는 반드시 북한에 있는 내 가족을 도울 것이다.' 그는 이런 마음으로 가난한 환자들을 위해 평생을 바치겠다는 다짐을 하고, 주변의 환자들을 정성껏 치료해 주었습니다. 그는 어려운 수술도 거뜬히 성공시켰습니다. 어떤 날은 그가 돌본 환자가 200명이 넘었습니다. 그야말로 최고의 의사였습니다.

장기려는 1975년에 청십자 병원을 세워 가난한 사람들을 열심히 돌보았습니다. 그는 수술비가 없는 환자들을 대신해 돈을 내주었고, 입원비가 없는 환자들이 병원에서 몰래 도망가게도 해 주었습니다. 그러면서 자신은 평생 집 한 채 없이 병원 옥상의 사택에서 살았습니다. 1995년 12월 추운 겨울날 세상을 떠난 장기려는 그렇게 평생 환자를 돌보았습니다.

도전하기

도전 날짜	걸린 시간	___ 분 ___ 초
___ 월 ___ 일	틀린 어절 수	___ 어절

1분당 정확하게 읽은 어절 수(WCPM) 구하는 방법	$\dfrac{\text{정확하게 읽은 어절 수}}{\text{걸린 시간(초)}} \times 60 = $ _____

형성평가

102어절

월　　　일

소리 내어 읽기

너무 빠르지 않게, 말하듯이 부드럽고 정확하게 읽어요.

쓰레기 버리는 날

　매주 목요일은 분리수거 하는 날이에요. 온 동네 사람들이 집에 쌓여 있던 쓰레기를 가지고 나와 종이, 병, 플라스틱 등으로 구분해서 버리는 날이죠.
　"재민아, 엄마 좀 도와줄래? 매주 쓰레기가 왜 이렇게 많이 나온다니?"
　"그냥 섞어서 버리면 안 돼요?"
　재민이는 귀찮은 듯이 투덜거렸어요.
　"분리수거를 하면 한 번 쓴 물건을 다시 사용할 수 있어서 환경을 보호할 수 있단다."
　엄마는 깨끗이 씻은 우유팩을 끈으로 묶으시며 말씀하셨어요.
　"이렇게 더러운 쓰레기를 어떻게 다시 사용해요?"
　재민이는 캔과 페트병을 분리하면서 말했어요.
　"이렇게 우리가 분리한 쓰레기는 공장으로 옮겨지고, 여러 과정을 거쳐서 새로운 물건들을 만드는 데 사용된단다."
　재민이는 커다란 페트병을 들고 베란다로 갔어요. 페트병에 어제 산 꽃모종을 심어 화분으로 만들고 싶어졌거든요.

도전하기

도전 날짜	걸린 시간	＿＿＿분＿＿＿초
＿＿＿월＿＿＿일	틀린 어절 수	＿＿＿＿＿＿어절

1분당 정확하게 읽은 어절 수(WCPM) 구하는 방법	$\dfrac{\text{정확하게 읽은 어절 수}}{\text{걸린 시간(초)}} \times 60 =$ ＿＿＿＿

2

봄을 이야기해요

맛있는 봄 식탁
꽃샘추위
숨바꼭질
개구리의 먹이 사냥
벌레 이야기
똥의 변신
재미있는 식물 이름
땅속 살림꾼 지렁이
라면을 좋아하세요?
영리한 개

유일한
진정한 부자

맛있는 봄 식탁

　추운 겨울이 가고 따뜻한 봄이 찾아왔어요. 산과 들에 온갖 새순이 돋아나요. 쑥, 냉이, 달래 등 봄나물도 자라나요. 추운 겨울을 이겨 낸 봄나물을 먹으면 우리 몸이 튼튼해져요. 여러 가지 봄나물을 넣어 만든 비빔밥, 어린 쑥으로 끓인 향긋한 쑥국, 참기름을 듬뿍 넣고 버무린 쌉싸름한 냉이 나물. 진달래꽃을 넣어 만든 화전*도 있어요. 생각만 해도 정말 군침이 돌아요.

*화전 : 찹쌀가루를 반죽하여 진달래 꽃잎이나 대추 등을 붙여서 기름에 지진 떡

※ 열심히 연습하고 □안에 동그라미 표 하세요.

1. 들으며 읽기	2. 따라 읽기	3. 짝과 함께 읽기		4. 스스로 연습하기
		학생 역할	선생님 역할	

확인하기

1. 봄에 나는 나물은 무엇인가요? (   )
   ① 냉이
   ② 호박잎

2. 화전은 어떤 꽃을 넣어 만드나요? (   )
   ① 개나리
   ② 진달래

쓰기 받침 ㄹ

ㄴㅏ	ㅁㅜ
ㄷㅡ	ㅍㅏㄴ
ㄷㅏ	ㄹㅐ

도전하기

출발	걸린 시간	___분 ___초	도달	걸린 시간	___분 ___초
	틀린 어절 수	_____어절		틀린 어절 수	_____어절

12 일차
68어절

월   일

소리 내어 읽기

너무 빠르지 않게, 말하듯이 부드럽고 정확하게 읽어요.

꽃샘추위

여러분, 꽃샘추위라는 말을 들어보셨나요? 꽃샘추위는 봄에 갑자기 찾아오는 추위를 말해요. 봄꽃이 피는 것을 시샘하는 것처럼 춥다고 해서 꽃샘추위라는 이름이 붙여졌어요.

꽃샘추위는 반가운 손님은 아니에요. 봄옷을 꺼내 입은 사람들이 감기에 걸리기 쉽거든요. 그래서 꽃샘추위가 찾아오면 몸을 따뜻하게 하기 위해 옷을 더 챙겨 입어야 해요. 이때 두꺼운 옷을 하나 입는 것보다 얇은 옷을 여러 개 겹쳐 입는 것이 좋아요.

꽃샘추위가 아무리 추워도 길지는 않아요. 이미 시작된 봄을 막을 수는 없거든요.

※ 열심히 연습하고 □안에 동그라미 표 하세요.

1. 들으며 읽기	2. 따라 읽기	3. 짝과 함께 읽기		4. 스스로 연습하기
		학생 역할	선생님 역할	

확인하기

1. 꽃샘추위는 언제 찾아오나요? (　　)

   ① 겨울
   ② 봄

2. 꽃샘추위에 대한 알맞은 설명은 무엇인가요? (　　)

   ① 꽃샘추위는 반가운 손님이다.
   ② 꽃샘추위는 짧다.

쓰기   받침ㅂ

	추	다
	이	다
가	자	기

도전하기

출발	걸린 시간	___분 ___초	도달	걸린 시간	___분 ___초
	틀린 어절 수	_____ 어절		틀린 어절 수	_____ 어절

13 일차
53어절

소리 내어 읽기

너무 빠르지 않게, 말하듯이 부드럽고 정확하게 읽어요.

숨바꼭질

"꼭꼭 숨어라. 머리카락 보인다. 꼭꼭 숨어라. 범 장군 나가신다. 다 숨었니? 하나, 둘, 셋, 찾는다!" 오늘은 형이 술래입니다. 나는 커튼 뒤로 숨었어요. 숨도 쉬지 않고, 움직이지도 않아요. 형이 내 앞을 지나가는 소리가 들려요. 가슴이 콩닥콩닥 뛰어요. 심장소리가 형에게 들릴 것 같아요. 휴, 형은 그냥 지나쳤어요. 이번엔 내가 이겼어요. 나와 잘 놀아주는 우리 형이 최고예요!

※ 열심히 연습하고 □안에 동그라미 표 하세요.

1. 들으며 읽기	2. 따라 읽기	3. 짝과 함께 읽기		4. 스스로 연습하기
		학생 역할	선생님 역할	

확인하기

1. 나와 형이 함께한 놀이는 무엇인가요? (   )

   ① 공기놀이
   ② 숨바꼭질

2. 내가 숨은 곳은 어디인가요? (   )

   ① 커튼 뒤
   ② 책상 아래

쓰기   받침 ㄱ

숨	바	꼭	질
머	리	카	락
욷	지	이	다

도전하기

출발	걸린 시간	___분 ___초	도달	걸린 시간	___분 ___초
	틀린 어절 수	_____ 어절		틀린 어절 수	_____ 어절

14 일차
53어절

월   일

소리 내어 읽기

너무 빠르지 않게, 말하듯이 부드럽고 정확하게 읽어요.

개구리의 먹이 사냥

개굴개굴, 봄이 오면 개구리가 겨울잠에서 깨어나요. 잠에서 깨어난 개구리는 먹이 사냥을 합니다. 개구리는 뒷다리가 길고 튼튼해서 높이 뛸 수 있어요. 눈앞에 살아 움직이는 먹이가 보이면 순식간에 뛰어올라 긴 혀로 날름 잡아먹지요. 개구리의 끈적끈적한 침은 먹이가 혀에 잘 달라붙도록 도와준답니다.

튼튼한 뒷다리와 긴 혀, 끈적끈적한 침을 이용해 개구리가 순식간에 먹이를 잡아먹는 모습을 상상해 보세요.

※ 열심히 연습하고 □안에 동그라미 표 하세요.

1. 들으며 읽기	2. 따라 읽기	3. 짝과 함께 읽기		4. 스스로 연습하기
		학생 역할	선생님 역할	

확인하기

1. 개구리를 볼 수 있는 계절은 언제인가요? (   )

   ① 봄
   ② 겨울

2. 개구리가 먹이를 사냥하는 데 도움을 주는 것은 무엇인가요? (   )

   ① 짧은 앞다리
   ② 긴 혀

쓰기   받침 ㅁ

도전하기

출발	걸린 시간	___분 ___초	도달	걸린 시간	___분 ___초
	틀린 어절 수	_____ 어절		틀린 어절 수	_____ 어절

15 일차
58어절

소리 내어 읽기

너무 빠르지 않게, 말하듯이 부드럽고 정확하게 읽어요.

벌레 이야기

"아빠, 채소가 이상해요."

"벌레가 생겼구나."

"속상해요. 벌레가 모두 사라지면 좋겠어요."

"민수야, 모든 벌레가 다 해로운 것은 아니야. 좋은 벌레들도 많단다. 무당벌레는 식물에게 해로운 진딧물을 잡아먹고, 누에나방 애벌레의 고치*는 고운 비단을 만드는 실이 된단다. 그리고 지렁이는 땅속을 돌아다니며 흙을 부드럽게 해 준단다. 개똥벌레라고 불리는 반딧불이는 몸에서 반짝이는 빛을 만들어 어두운 밤을 아름답게 만들어 준단다."

"와! 좋은 벌레들이 참 많네요."

*고치 : 누에나방 애벌레가 실을 토하여 제 몸을 둘러싸서 만든 둥글고 길쭉한 모양의 집

※ 열심히 연습하고 □안에 동그라미 표 하세요.

1. 들으며 읽기	2. 따라 읽기	3. 짝과 함께 읽기		4. 스스로 연습하기
		학생 역할	선생님 역할	

확인하기

1. 식물에게 이로운 벌레는 무엇인가요? (   )

   ① 진딧물
   ② 무당벌레

2. 반딧불이의 다른 이름은 무엇인가요? (   )

   ① 누에나방
   ② 개똥벌레

쓰기   받침 ㄴ

도전하기

출발	걸린 시간	___분 ___초	도달	걸린 시간	___분 ___초
	틀린 어절 수	___어절		틀린 어절 수	___어절

16 일차
55어절

월   일

소리 내어 읽기

너무 빠르지 않게, 말하듯이 부드럽고 정확하게 읽어요.

똥의 변신

똥 필요하세요? 무슨 말도 안 되는 소리냐고요? 말도 안 되는 소리가 아니에요. 톱밥이나 쌀겨를 섞은 똥은 곡식과 꽃이 잘 자랄 수 있게 흙을 건강하게 만들어 주는 거름이 된답니다. 이뿐만이 아니에요. 태국이나 스리랑카와 같은 나라에서는 코끼리 똥으로 종이도 만들어요. 코끼리 다섯 마리가 일 년 동안 싸는 똥으로 종이를 만들면 1,000그루의 나무를 살릴 수 있대요.

※ 열심히 연습하고 □안에 동그라미 표 하세요.

1. 들으며 읽기	2. 따라 읽기	3. 짝과 함께 읽기		4. 스스로 연습하기
		학생 역할	선생님 역할	

확인하기

1. 톱밥과 짚을 넣은 똥은 무엇이 되나요? (　　)
   ① 거름
   ② 연료

2. 태국과 스리랑카에서는 코끼리 똥으로 무엇을 만드나요? (　　)
   ① 벽돌
   ② 종이

쓰기 받침ㄹ

도전하기

출발	걸린 시간	___분 ___초	도달	걸린 시간	___분 ___초
	틀린 어절 수	___어절		틀린 어절 수	___어절

17 일차
61어절

월 일

소리 내어 읽기

너무 빠르지 않게, 말하듯이 부드럽고 정확하게 읽어요.

재미있는 식물 이름

우리에게 이름이 있듯이 식물들도 이름이 있어요.

꿩이 즐겨 먹어서 '꿩의밥'

꽃이 나팔처럼 생겨서 '나팔꽃'

백일 동안 꽃이 붉게 피어서 '백일홍'

남쪽에서 제비가 올 때 꽃이 피어서 '제비꽃'

불에 탈 때 자작자작 소리가 나서 '자작나무'

잎에 불이 붙으면 꽝꽝 소리가 나서 '꽝꽝나무'

줄기의 모양이 다람쥐 꼬리를 닮아서 '다람쥐꼬리풀'

줄기를 꺾으면 나오는 노란 즙이 아기 똥과 비슷해서 '애기똥풀'

재미있는 식물 이름을 또 찾아보아요.

※ 열심히 연습하고 □안에 동그라미 표 하세요.

1. 들으며 읽기	2. 따라 읽기	3. 짝과 함께 읽기		4. 스스로 연습하기
		학생 역할	선생님 역할	

확인하기

1. 꿩이 좋아하는 식물은 무엇인가요? (   )

   ① 꿩좋아
   ② 꿩의밥

2. 제비꽃에 대한 설명으로 알맞은 것은 무엇인가요? (   )

   ① 꽃의 모양이 제비 꼬리를 닮았다.
   ② 제비가 올 때쯤 꽃이 핀다.

쓰기 받침ㄹ

도전하기

출발	걸린 시간	___분 ___초	도달	걸린 시간	___분 ___초
	틀린 어절 수	___어절		틀린 어절 수	___어절

18 일차
64어절

월   일

소리 내어 읽기

너무 빠르지 않게, 말하듯이 부드럽고 정확하게 읽어요.

땅속 살림꾼 지렁이

꿈틀꿈틀, 비 오는 날이면 지렁이를 땅 위에서 볼 수 있어요. 비가 오면 흙 속에서 숨쉬기가 힘들어진 지렁이가 땅 위로 올라오기 때문이죠.

지렁이는 땅속에 굴을 파고 살아요. 지렁이가 파 놓은 긴 굴을 통해 신선한 공기가 들어가 땅이 건강해져요. 또 지렁이는 음식물 쓰레기 등을 먹고 똥을 아주 많이 싸요. 그런데 그 똥이 꽃과 나무가 자라는 데 좋은 영양분이 되어 주지요. 지렁이는 이렇게 참 소중한 땅속 살림꾼이랍니다.

※ 열심히 연습하고 □안에 동그라미 표 하세요.

1. 들으며 읽기	2. 따라 읽기	3. 짝과 함께 읽기		4. 스스로 연습하기
		학생 역할	선생님 역할	

확인하기

1. 비 오는 날 지렁이가 땅 위로 올라오는 이유는 무엇인가요? (   )

   ① 비를 맞기 위해
   ② 숨을 쉬기 위해

2. 지렁이에 대한 설명으로 알맞은 것은 무엇인가요? (   )

   ① 지렁이가 똥을 싸서 흙이 더러워진다.
   ② 지렁이가 똥을 싸서 흙에 영양분이 많아진다.

쓰기   받침 ㅇ

도전하기

출발	걸린 시간	___분 ___초	도달	걸린 시간	___분 ___초
	틀린 어절 수	___어절		틀린 어절 수	___어절

19 일차
62어절

월   일

소리 내어 읽기

너무 빠르지 않게, 말하듯이 부드럽고 정확하게 읽어요.

라면을 좋아하세요?

보글보글, 후루룩후루룩. 라면 좋아하세요? 라면은 참 맛있죠. 기름에 튀겨 고소하고 쫄깃한 면은 정말 일품이에요. 라면은 종류도 참 다양해서 짜장라면, 짬뽕라면, 치즈라면 등 그 종류가 2만 개가 넘는다고 하네요.

이렇게 다양하고 맛있는 라면을 세계에서 가장 많이 먹는 나라가 어디인 줄 아세요? 바로 우리나라입니다. 한 사람이 1년에 78개나 먹는다고 하네요. 그런데 라면은 소금과 기름이 많아서 건강에 좋지 않아요. 아무리 맛있는 라면이라도 자주 먹지는 말아야겠어요.

※ 열심히 연습하고 □안에 동그라미 표 하세요.

1. 들으며 읽기	2. 따라 읽기	3. 짝과 함께 읽기		4. 스스로 연습하기
		학생 역할	선생님 역할	

확인하기

1. 라면을 가장 많이 먹는 나라는 어디인가요? (　　)

   ① 일본
   ② 우리나라

2. 라면이 건강에 좋지 않은 이유는 무엇인가요? (　　)

   ① 소금과 기름이 많아서
   ② 종류가 다양해서

쓰기 받침 ㅁ

	짜	빠
	ㅏ	ㅗㅇ

	기	ㄹ
		ㅡ

	ㅅ	ㄱ
	ㅗ	ㅡ

도전하기

출발	걸린 시간	___분 ___초	도달	걸린 시간	___분 ___초
	틀린 어절 수	___어절		틀린 어절 수	___어절

20 일차
68어절

소리 내어 읽기

너무 빠르지 않게, 말하듯이 부드럽고 정확하게 읽어요.

영리한 개

사람과 가장 친한 동물인 개는 할 수 있는 일이 참 많아요. 사람을 잘 따르는 레트리버는 시각장애인이 안전하게 다닐 수 있도록 안내해 주고, 날렵한 몸을 가진 비글은 사냥하는 사람을 도와주지요. 후각이 잘 발달한 개들은 특별한 훈련을 통해 폭발물처럼 위험한 물건을 찾을 수도 있어요. 또 어떤 개는 사고를 당해 위험에 처한 사람을 찾아내서 구조하는 것을 도와줍니다. 이렇게 영리한 개들은 인간에게 참 많은 도움을 준답니다. 그러니 인간도 개의 좋은 친구가 되어야겠어요.

*후각 : 냄새를 맡는 감각

※ 열심히 연습하고 □안에 동그라미 표 하세요.

1. 들으며 읽기	2. 따라 읽기	3. 짝과 함께 읽기		4. 스스로 연습하기
		학생 역할	선생님 역할	

확인하기

1. 시각장애인을 안내해 주는 개는 무엇인가요? (   )

   ① 레트리버
   ② 비글

2. 후각이 좋은 개가 할 수 있는 일은 무엇인가요? (   )

   ① 무거운 짐을 나르는 일
   ② 폭발물을 찾는 일

쓰기 받침ㄹ

도전하기

출발	걸린 시간	___분 ___초	도달	걸린 시간	___분 ___초
	틀린 어절 수	_____어절		틀린 어절 수	_____어절

형성평가

100어절

월   일

소리 내어 읽기

너무 빠르지 않게, 말하듯이 부드럽고 정확하게 읽어요.

유일한

　대한민국의 기업가 유일한은 1895년에 평양에서 태어났습니다. 그는 아홉 살의 나이로 미국으로 유학을 가서 열심히 공부했습니다. 청년이 되어서는 중국인을 상대로 장사를 하면서 사업가의 재능을 보였습니다.

　1926년에 한국에 돌아온 유일한은 우리나라 최초의 제약회사를 세워 싸고 좋은 약을 만들기 시작했습니다. 그의 노력 덕분에 가난한 사람들도 손쉽게 좋은 약을 구할 수 있었습니다.

　유일한은 회사를 세우고 좋은 약을 만들어서 가난한 사람을 도왔습니다. 약을 팔아 번 돈으로 학교를 세워 인재를 키우고, 빼앗긴 우리나라를 되찾기 위해 독립운동도 했습니다.

　1971년 세상을 떠난 유일한의 마지막 유언은 이러했습니다.

　"나의 재산을 한 푼도 남김없이 교육과 사회를 위해 써 주시오."

　삶의 마지막 순간까지 사회를 위해 헌신한 그는 많은 사람들에게 존경을 받고 있습니다.

도전하기

도전 날짜	걸린 시간	___ 분 ___ 초
___ 월 ___ 일	틀린 어절 수	___ 어절

1분당 정확하게 읽은 어절 수(WCPM) 구하는 방법	$\dfrac{\text{정확하게 읽은 어절 수}}{\text{걸린 시간(초)}} \times 60 = $ ___

형성평가

100어절

월   일

소리 내어 읽기

너무 빠르지 않게, 말하듯이 부드럽고 정확하게 읽어요.

진정한 부자

　바다를 항해하는 어느 배에서 있었던 이야기입니다. 자신들이 부자라고 생각하는 사람들이 서로 자랑을 늘어놓고 있었습니다. 어떤 사람이 말했습니다. "나는 금목걸이를 열 개나 갖고 있지." 또 다른 사람이 이야기했습니다. "나는 비싼 보석을 많이 가지고 있다네."

　그러자 옆에서 조용히 듣고 있던 한 사람이 말하였습니다. "저는 금목걸이와 보석보다 지혜를 가진 사람이 진정한 부자라고 생각합니다."

　그때 갑자기 무서운 해적선이 나타나 배를 공격했습니다. 금목걸이와 보석을 가지고 있던 사람들은 모든 재산을 빼앗기고 한순간에 빈털터리가 되었습니다. 그렇지만 지혜를 가지고 있던 사람은 어떠한 것도 빼앗기지 않았습니다.

　그동안 자신의 재산을 자랑했던 부자들은 지혜를 가진 사람에게 말했습니다.

　"당신 말이 맞았어요. 지혜는 누구도 빼앗을 수 없으니 지혜를 가진 당신이 진정한 부자네요."

도전하기

도전 날짜	걸린 시간	____ 분 ____ 초
____ 월 ____ 일	틀린 어절 수	____ 어절

1분당 정확하게 읽은 어절 수(WCPM) 구하는 방법	$\dfrac{\text{정확하게 읽은 어절 수}}{\text{걸린 시간(초)}} \times 60 = $ ____

3

봄을
배워요

몸에 좋은 카레

봄맞이

장수말벌 조심하세요

나라마다 다른 식사 예절

황사

민들레

소중한 갯벌

바오바브나무

삼일절

재미있는 제주도 사투리

21 일차
57어절

소리 내어 읽기

너무 빠르지 않게, 말하듯이 부드럽고 정확하게 읽어요.

몸에 좋은 카레

노르스름한 카레를 좋아하세요? 카레가 노란 이유는 그 속에 강황이라는 향신료가 들어 있기 때문이에요. 향신료란 독특한 맛과 향이 나는 가루를 말해요.

인도 사람들은 향신료가 들어간 음식은 맛도 있고, 몸에도 좋다고 생각했어요. 인도인들의 생각은 사실이었어요. 카레에 들어가는 강황이 여러 가지 질병을 예방하고 우리 몸을 건강하게 해 준다는 연구 결과가 나왔거든요.

여러분, 노란 카레가 식탁에 올라오면 건강을 위해 맛있게 드세요.

※ 열심히 연습하고 □안에 동그라미 표 하세요.

1. 들으며 읽기	2. 따라 읽기	3. 짝과 함께 읽기		4. 스스로 연습하기
		학생 역할	선생님 역할	

확인하기

1. 카레가 노란색인 이유는 무엇인가요? (   )

   ① 호박이 들어 있어서
   ② 강황이 들어 있어서

2. 카레에 대한 설명으로 알맞은 것은 무엇인가요? (   )

   ① 카레를 먹으면 건강에 좋다.
   ② 카레에는 향신료가 없다.

쓰기 받침 ㄴ

국기		
태극기	하	국
인도 국기	인	도
일본 국기	일	본

도전하기

출발	걸린 시간	___ 분 ___ 초		도달	걸린 시간	___ 분 ___ 초
	틀린 어절 수	___ 어절			틀린 어절 수	___ 어절

22 일차
91어절

월   일

소리 내어 읽기

너무 빠르지 않게, 말하듯이 부드럽고 정확하게 읽어요.

봄맞이

따뜻한 봄바람이 살랑살랑 불어오는 토요일이에요. 나는 이불 속에서 발가락을 꼼지락거리며 늦잠을 자고 있어요.

"영희야, 어서 일어나. 엄마랑 봄맞이 대청소하자."

나는 엄마의 목소리에 달콤한 잠을 뒤로하고 눈을 떴어요.

엄마는 벌써 빗자루로 거실을 쓸고 계셨어요.

"오늘은 방 청소도 꼼꼼히 하고, 이불 빨래도 해야 해."

나는 먼저 내 방을 청소하기 시작했어요. 책장에 쌓여 있는 먼지도 털고 걸레로 창틀도 닦았어요. 이렇게 구석구석 청소를 하니 마음이 상쾌해졌어요.

다음은 겨울에 덮던 이불을 비눗물이 담긴 큰 대야에 넣고 자근자근 밟았어요. 이불을 밟을 때마다 더러운 먼지들이 씻겨나가는 것 같아 기분이 무척 좋았어요.

봄맞이 대청소에 몸은 힘들었지만 마음만은 뿌듯한 하루였어요.

※ 열심히 연습하고 □안에 동그라미 표 하세요.

1. 들으며 읽기	2. 따라 읽기	3. 짝과 함께 읽기		4. 스스로 연습하기
		학생 역할	선생님 역할	

확인하기

1. 영희가 대청소를 한 날은 무슨 요일인가요? (   )

    ① 일요일
    ② 토요일

2. 영희가 한 일은 무엇인가요? (   )

    ① 방 청소와 이불 빨래
    ② 거실과 베란다 청소

쓰기 받침ㄹ

도전하기

출발	걸린 시간	___분___초	도달	걸린 시간	___분___초
	틀린 어절 수	_____어절		틀린 어절 수	_____어절

23 일차
68어절

소리 내어 읽기

너무 빠르지 않게, 말하듯이 부드럽고 정확하게 읽어요.

장수말벌 조심하세요

　장수말벌은 세계에서 가장 큰 말벌이에요. 힘도 세고 성질도 사납지요. 장수말벌도 다른 벌들처럼 독침이 있어요. 장수말벌의 독침에 쏘이면 퉁퉁 붓고 심한 통증에 시달리게 되는데 목숨이 위태로울 수도 있어요.

　장수말벌은 흥분하면 매우 빠르게 날아요. 사람이 달리는 것보다 훨씬 빠르지요. 그러니 장수말벌 집에 가까이 가면 절대 안 돼요. 벌집을 잘못 건드려 장수말벌을 흥분시킨다면 위험한 상황에 처할 수 있으니까요.

　혹시 집 근처에서 장수말벌의 집을 발견한다면 바로 119에 전화하세요. 소방대원 아저씨께서 도와주실 거예요.

※ 열심히 연습하고 □안에 동그라미 표 하세요.

1. 들으며 읽기	2. 따라 읽기	3. 짝과 함께 읽기		4. 스스로 연습하기
		학생 역할	선생님 역할	

확인하기

1. 장수말벌에 대한 설명으로 알맞은 것은 무엇인가요? (　　)

   ① 세상에서 가장 큰 말벌이다.
   ② 흥분하면 매우 느리게 난다.

2. 장수말벌의 집을 보았다면 어떻게 해야 하나요? (　　)

   ① 툭 쳐서 떨어뜨린다.
   ② 119에 전화한다.

쓰기　받침 ㅂ

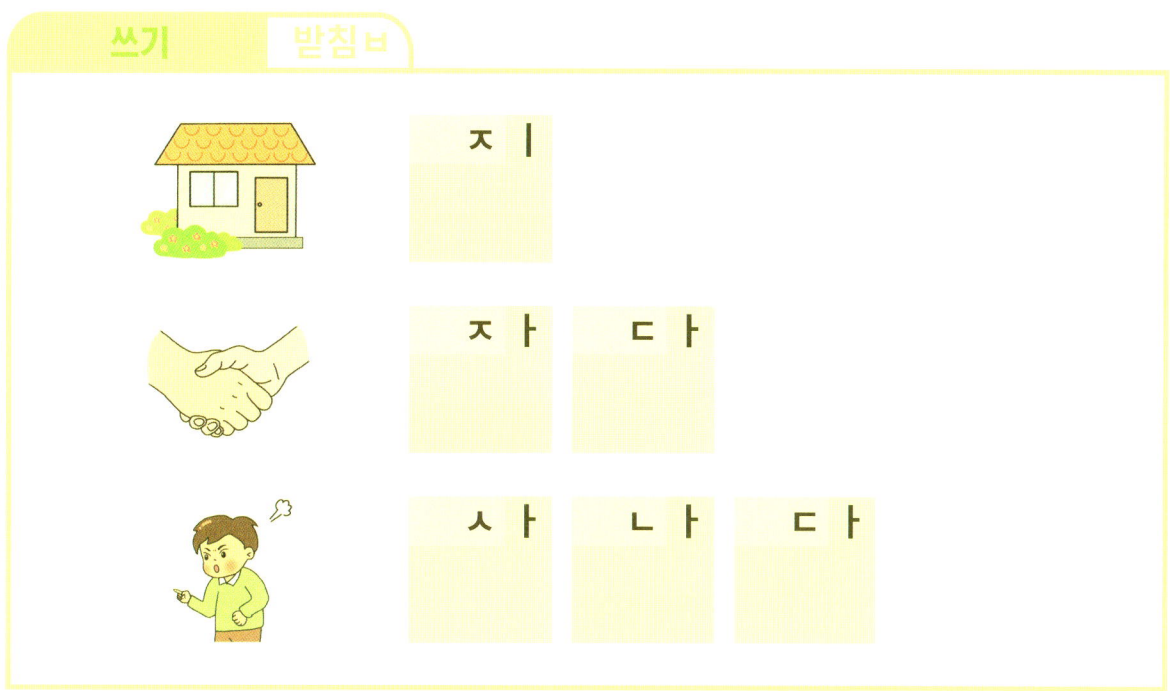

도전하기

출발	걸린 시간	___분 ___초		도달	걸린 시간	___분 ___초
	틀린 어절 수	___어절			틀린 어절 수	___어절

24 일차

56어절

월 일

소리 내어 읽기

너무 빠르지 않게, 말하듯이 부드럽고 정확하게 읽어요.

나라마다 다른 식사 예절

나라마다 즐거운 식사를 위해 지켜야 할 예절이 있어요. 우리나라에서는 밥을 먹을 때 그릇을 손에 들고 음식을 먹으면 예의에 어긋나요. 그런데 일본에서는 그릇을 입 가까이에 대고 먹어야 예의 바르다고 생각해요.

또 우리나라에서는 밥상 앞에서 코를 푸는 것은 예의가 아니에요. 하지만 서양에서는 식사 중에 코를 푸는 것을 괜찮다고 생각해요. 이처럼 세계 여러 나라마다 서로 다른 식사 예절이 있답니다.

※ 열심히 연습하고 □안에 동그라미 표 하세요.

1. 들으며 읽기	2. 따라 읽기	3. 짝과 함께 읽기		4. 스스로 연습하기
		학생 역할	선생님 역할	

확인하기

1. 우리나라의 식사 예절로 알맞은 것은 무엇인가요? (　　)

　① 밥그릇을 손에 들고 먹는 것
　② 밥그릇을 상에 두고 먹는 것

2. 밥을 먹을 때 코를 풀어도 괜찮은 곳은 어디인가요? (　　)

　① 우리나라
　② 서양

쓰기　　받침 ㄱ

시	타
으ㅁ	시
새ㅇ	가

도전하기

출발	걸린 시간	___분 ___초	도달	걸린 시간	___분 ___초
	틀린 어절 수	_____어절		틀린 어절 수	_____어절

67

25 일차
72어절

소리 내어 읽기

너무 빠르지 않게, 말하듯이 부드럽고 정확하게 읽어요.

황사

'노란 모래'라는 뜻을 가진 황사는 하늘을 가득 채운 흙먼지를 말해요. 중국과 몽골의 사막에 있는 모래가 바람을 타고 하늘로 올라가 우리나라까지 날아오는 게 황사예요.

황사는 주로 봄에 많이 발생해요. 황사가 발생하면 하늘이 누렇게 변하고 숨쉬기가 힘들지만 좋은 점도 있어요. 황사는 식물이 잘 자라도록 땅을 튼튼하게 만들어 줘요. 그런데 최근 황사에서 건강을 해치는 오염 물질이 많이 발견되고 있어요. 그래서 황사가 심할 때는 바깥에서 놀지 않고 깨끗이 잘 씻어야 해요. 물을 자주 마시는 것도 좋아요.

※ 열심히 연습하고 □안에 동그라미 표 하세요.

1. 들으며 읽기	2. 따라 읽기	3. 짝과 함께 읽기		4. 스스로 연습하기
		학생 역할	선생님 역할	

확인하기

1. 다음 중 황사의 뜻은 무엇인가요? (   )

   ① 붉은 사막
   ② 노란 모래

2. 황사가 심할 때는 어떻게 해야 하나요? (   )

   ① 깨끗이 잘 씻는다.
   ② 바깥에서 뛰어논다.

쓰기 받침ㄹ

ㅎㅏ	ㄴ_
ㅅㅣㄱ	ㅁㅜ
ㅁㅜ	

도전하기

출발	걸린 시간	___ 분 ___ 초	도달	걸린 시간	___ 분 ___ 초
	틀린 어절 수	_____ 어절		틀린 어절 수	_____ 어절

26 일차
74어절

소리 내어 읽기

너무 빠르지 않게, 말하듯이 부드럽고 정확하게 읽어요.

민들레

겨울이 지나고 봄이 오면 여러 가지 꽃들이 피어요. 그중엔 작고 노란 민들레도 있어요. 민들레는 다양한 장소에 살아요. 산이나 들판, 학교 운동장 구석에서도 민들레를 볼 수 있죠. 민들레는 식물이 자라기 어려운 곳에서도 잘 자라요. 심지어 아스팔트 도로나 창틈에서도 자란답니다.

이렇게 다양한 곳에서 민들레를 볼 수 있는 이유는 씨앗 때문이에요. 민들레 씨앗은 하얀 털이 낙하산 모양처럼 나 있어서, 여기저기 잘 날아갈 수 있거든요. 바람이 잘 부는 날에는 언덕을 넘고 강을 건너 다른 도시까지 날아갈 수도 있답니다.

※ 열심히 연습하고 □안에 동그라미 표 하세요.

1. 들으며 읽기	2. 따라 읽기	3. 짝과 함께 읽기		4. 스스로 연습하기
		학생 역할	선생님 역할	

확인하기

1. 민들레에 관한 설명으로 알맞은 것은 무엇인가요? (　　)

   ① 민들레는 어디에서나 잘 자란다.
   ② 민들레는 화단에서만 잘 자란다.

2. 민들레 씨앗이 잘 날아가는 이유는 무엇인가요? (　　)

   ① 바람개비 모양의 껍질
   ② 낙하산 모양의 털

쓰기　받침 ㅇ

	ㅇㅜㄴ	ㄷㅗ	ㅈㅏ
	ㅁㅗ	ㅇㅑ	
	ㄱㅏ		

도전하기

출발	걸린 시간	___분 ___초	도달	걸린 시간	___분 ___초
	틀린 어절 수	___어절		틀린 어절 수	___어절

27일차

85어절

월　일

소리 내어 읽기

너무 빠르지 않게, 말하듯이 부드럽고 정확하게 읽어요.

소중한 갯벌

　바닷물이 밀려 나가면 보이는 갯벌에 가 본 적이 있나요? 갯벌에는 검고 미끌미끌한 진흙이 많이 쌓여 있어요.

　한때 사람들은 갯벌을 흙으로 메워 땅으로 만들었어요. 그때는 갯벌의 가치를 몰랐거든요. 하지만 지금은 갯벌이 매우 중요하다는 것을 알아요.

　갯벌에는 게, 조개, 소라, 물새가 살아요. 또 갯벌은 산소를 가장 많이 만드는 곳이에요. 갯벌에는 산소를 만들어 주는 아주 작은 생물들이 많이 살거든요. 그리고 갯벌은 육지에서 바다로 흘러드는 오염 물질을 깨끗하게 걸러 주는 역할도 해요. 그뿐만이 아니에요. 갯벌은 태풍이 왔을 때 큰 파도를 막아주고, 홍수가 나지 않게 도와준답니다. 갯벌은 이렇게 참 소중한 곳이에요.

※ 열심히 연습하고 □안에 동그라미 표 하세요.

1. 들으며 읽기	2. 따라 읽기	3. 짝과 함께 읽기		4. 스스로 연습하기
		학생 역할	선생님 역할	

확인하기

1. 갯벌에 살고 있는 생물은 무엇인가요? (　　)

   ① 게
   ② 고양이

2. 갯벌에 대한 설명으로 알맞은 것은 무엇인가요? (　　)

   ① 오염 물질을 깨끗하게 걸러 준다.
   ② 고래와 상어 같은 큰 물고기가 산다.

쓰기 받침 ㅅ

바	다	물
개	벌	
깨	끗	한

도전하기

출발	걸린 시간	___분 ___초	도달	걸린 시간	___분 ___초
	틀린 어절 수	___어절		틀린 어절 수	___어절

28 일차
83어절

너무 빠르지 않게, 말하듯이 부드럽고 정확하게 읽어요.

소리 내어 읽기

바오바브나무

동화 『어린 왕자』에 나오는 바오바브나무를 아시나요? 사람들은 보통 '바오밥나무'라고 불러요. 어른 키의 10배도 넘을 만큼 거대한 식물이에요. 그래서 작은 별에 사는 어린 왕자는 바오바브나무로 별이 가득 찰까 봐 걱정을 했답니다. 하지만 지구에선 전혀 두려운 식물이 아니랍니다.

바오바브나무는 아프리카 남쪽에서 주로 자라는데, 나무가 땅에 거꾸로 박힌 것처럼 신기하게 생겼어요. 그래서 '뒤집혀 자라는 나무'라는 별명이 붙었지요. 또 매우 오래 살아서 '생명의 나무'로도 불린답니다. 삼천 년이 넘게 산 나무도 있다고 해요.

우리나라에서는 경기도 한택식물원이나 국립수목원 등에서 바오바브나무를 볼 수 있어요. 신기한 바오바브나무를 만나러 식물원에 함께 가실래요?

※ 열심히 연습하고 □안에 동그라미 표 하세요.

1. 들으며 읽기	2. 따라 읽기	3. 짝과 함께 읽기		4. 스스로 연습하기
		학생 역할	선생님 역할	

확인하기

1. 바오바브나무의 별명은 무엇인가요? (   )

    ① 신기한 나무
    ② 뒤집혀 자라는 나무

2. 바오바브나무는 어디에서 주로 자라나요? (   )

    ① 아프리카 남쪽
    ② 제주도

쓰기   받침 ㄱ

   시 ㅁㅜㄹ

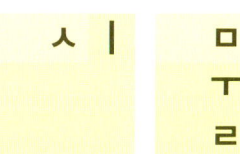   ㅅㅜ ㅁㅗ ㅇㅜㄴ

   ㄷㅇ ㅎㅏ ㅊㅐ

도전하기

출발	걸린 시간	___분 ___초	도달	걸린 시간	___분 ___초
	틀린 어절 수	___ 어절		틀린 어절 수	___ 어절

29 일차
97어절

소리 내어 읽기

너무 빠르지 않게, 말하듯이 부드럽고 정확하게 읽어요.

삼일절

"기미년* 삼월 일일 정오
터지자 밀물 같은 대한 독립 만세"

　삼일절 노래는 이렇게 시작해요. 삼일절이 뭐냐고요? 삼일절은 우리 조상들이 독립 만세를 부른 사건을 기념하는 날이에요. 만세 운동이 1919년 3월 1일에 시작되어서 삼일 운동이라고 불러요.

　과거에 일본은 우리나라를 빼앗고 우리 민족을 몹시 괴롭혔어요. 우리 민족은 빼앗긴 나라를 되찾기 위해 만세를 불렀지요. 몇 달 동안 우리나라 방방곡곡에서 독립 만세 소리가 끊이지 않았어요. 일본은 총과 칼을 들고 만세를 외치는 사람들을 위협하고 죽였어요. 그래도 우리 민족은 폭력을 전혀 쓰지 않았답니다. 이렇게 오랫동안 평화적으로 진행된 삼일 운동 덕분에 해외의 여러 나라들이 우리나라가 독립을 간절히 원하고 있다는 것을 알게 되었어요.

*기미년 : 3·1독립운동이 일어났던 1919년

※ 열심히 연습하고 □안에 동그라미 표 하세요.

1. 들으며 읽기	2. 따라 읽기	3. 짝과 함께 읽기		4. 스스로 연습하기
		학생 역할	선생님 역할	

확인하기

1. 삼일절은 어떤 날인가요? (   )

   ① 독립 만세 운동을 기념하는 날
   ② 일본에 나라를 빼앗긴 것을 슬퍼하는 날

2. 삼일 운동에 대한 알맞은 설명은 무엇인가요? (   )

   ① 평화적인 만세 운동
   ② 총과 칼을 사용한 독립운동

쓰기 받침ㄹ

| 사 | 이 | 저 |
| ㅁ | | |

| 다 | 려 |
| | ㄱ |

| 카 |
| |

도전하기

출발	걸린 시간	___분 ___초	도달	걸린 시간	___분 ___초
	틀린 어절 수	___어절		틀린 어절 수	___어절

30 일차
90어절

소리 내어 읽기

너무 빠르지 않게, 말하듯이 부드럽고 정확하게 읽어요.

재미있는 제주도 사투리

　제주도에서 "감자 주세요."라고 말하면, 여러분은 고구마를 먹게 될 수도 있습니다. 제주도에서는 고구마를 '감자'라고 부르기 때문이지요. 그러면 감자는 제주도에서 뭐라고 할까요? '지실'이라고 합니다. 또 제주도에서는 산은 '오름', 나무는 '낭'이라고 합니다.

　여러분이 제주도에 여행을 간다면 제주 공항에서 '혼저옵서'라고 쓴 글을 볼 수 있을 거예요. 무슨 뜻일까요? '환영합니다'라는 뜻입니다. 이처럼 제주도에는 신기한 말들이 많아요.

　왜 이렇게 다른 말을 쓸까요? 제주도는 바다 건너 멀리 떨어져 있는 섬입니다. 그래서 육지와 다른 말을 오랫동안 사용했지요. 누군가 완벽한 제주도 사투리로 말한다면 여러분은 전혀 알아듣지 못할 수도 있답니다. 재미있는 제주도 사투리를 또 찾아보세요.

※ 열심히 연습하고 □안에 동그라미 표 하세요.

1. 들으며 읽기	2. 따라 읽기	3. 짝과 함께 읽기		4. 스스로 연습하기
		학생 역할	선생님 역할	

확인하기

1. 다음 중 감자를 뜻하는 제주도 사투리는 무엇인가요? (   )

   ① 고구마
   ② 지실

2. '혼저옵서'의 뜻은 무엇인가요? (   )

   ① 혼자 오세요.
   ② 환영합니다.

쓰기   받침 ㅇ

ㄱㅗ	ㅎㅏ
ㅇㅕ	ㅎㅐ
ㅎㅏㄴ	ㅇㅕ

도전하기

| 출발 | 걸린 시간 | ___분 ___초 | 도달 | 걸린 시간 | ___분 ___초 |
| | 틀린 어절 수 | _____어절 | | 틀린 어절 수 | _____어절 |

선생님용 부록

이 교재를 활용하기 전에, 학생의 읽기 수준이 어느 정도인지 아는 것은 매우 중요합니다. 출발점을 알기 위한 부록 활용법은 다음과 같습니다.

1. 다음 장에 제시된 사전평가(이야기글과 설명글)를 소리 내어 읽도록 합니다.

2. 걸린 시간과 정확하게 읽은 어절 수를 아래 <점검표>에 적어 주세요.

3. 한 영역이 끝날 때마다 형성평가 2종(이야기글, 설명글)을 실시합니다.

4. 교재를 다 마친 후 사전평가와 같은 글을 소리 내어 읽어 봅니다.

5. 성장한 아동에게 큰 격려와 칭찬을 해 주세요.

6. **평가를 위한 참고 기준**

   1~2학년 학년말(12월)을 기준으로 1분당 정확하게 읽은 어절 수(WCPM)는 다음과 같습니다.

수준	최소 수준	보통 수준
1학년	47~52어절	58~63어절
2학년	57~62어절	70~75어절

   ※ **참고:** 최소 수준 이하는 읽기 부진의 가능성이 높아 집중적인 읽기 지도가 필요합니다.

점검표

평가	날짜	갈래	제목	걸린 시간	정확하게 읽은 어절 수	1분 동안 정확하게 읽은 어절 수
사전	/	이야기글	새 친구	분 초		
	/	설명글	오미자	분 초		
형성	/	설명글	의사 장기려	분 초		
	/	이야기글	쓰레기 버리는 날	분 초		
	/	설명글	유일한	분 초		
	/	이야기글	진정한 부자	분 초		
사후	/	이야기글	새 친구	분 초		
	/	설명글	오미자	분 초		

※ **참고:** 아동이 100어절의 글감을 끝까지 읽기 어려워하면 <제한 시간을 1분으로 두고> 평가할 수 있습니다.

사전·사후 이야기글

교사용 "시작!"이라고 하면 제목부터 읽게 합니다. 제한 시간은 1분입니다.

새 친구

 오늘은 늦잠을 잤다. 서둘러 책가방을 메고 급히 집을 나섰다. 학교에 도착하니 이미 친구들은 조용히 책을 읽고 있었다. 그런데 조용한 복도에 처음 보는 아이가 부모님과 함께 있었다. 나는 재빨리 교실로 들어갔다. 잠시 후 선생님께서 들어오셨다. 선생님께서는 새로 전학 온 친구를 소개해 주셨다. 조금 전 복도에서 본 바로 그 아이였다. 전학생의 이름은 이유원이다. 유원이는 내 짝꿍이 되었다.

 우리는 쉬는 시간에도 같이 놀고, 점심도 함께 먹었다. 수업을 마치고 우리는 다른 친구들과 함께 학교를 나섰다. 그런데 유원이와 나는 계속 같은 방향으로 가고 있었다. 알고 보니 유원이네 집과 우리 집은 매우 가까웠다. 우리는 내일 아침부터 학교에 함께 가기로 약속했다. 나에게 새 친구가 생겼다.

사전 평가	평가일: 월 일
걸린 시간	_____ 분 _____ 초
정확도	100 - [틀린 어절 수_____ 어절] = _____ %

사후 평가	평가일: 월 일
걸린 시간	_____ 분 _____ 초
정확도	100 - [틀린 어절 수_____ 어절] = _____ %

1분당 정확하게 읽은 어절 수(WCPM) 구하는 방법

$$\frac{\text{정확하게 읽은 어절 수}}{\text{걸린 시간(초)}} \times 60 = \underline{\qquad}$$

사전·사후　이야기글

학생용

새 친구

　오늘은 늦잠을 잤다. 서둘러 책가방을 메고 급히 집을 나섰다. 학교에 도착하니 이미 친구들은 조용히 책을 읽고 있었다. 그런데 조용한 복도에 처음 보는 아이가 부모님과 함께 있었다. 나는 재빨리 교실로 들어갔다. 잠시 후 선생님께서 들어오셨다. 선생님께서는 새로 전학 온 친구를 소개해 주셨다. 조금 전 복도에서 본 바로 그 아이였다. 전학생의 이름은 이유원이다. 유원이는 내 짝꿍이 되었다.

　우리는 쉬는 시간에도 같이 놀고, 점심도 함께 먹었다. 수업을 마치고 우리는 다른 친구들과 함께 학교를 나섰다. 그런데 유원이와 나는 계속 같은 방향으로 가고 있었다. 알고 보니 유원이네 집과 우리 집은 매우 가까웠다. 우리는 내일 아침부터 학교에 함께 가기로 약속했다. 나에게 새 친구가 생겼다.

사전·사후 설명글

교사용 "시작!"이라고 하면 제목부터 읽게 합니다. 제한 시간은 1분입니다.

오미자

여러분, 오미자를 아세요? 오미자는 다섯 가지 맛이 나는 열매라는 뜻입니다. 오미자는 단맛, 짠맛, 쓴맛, 신맛, 매운맛을 냅니다. 원래 오미자는 태백산이나 지리산 같은 깊은 산속에서 자랐습니다. 그런데 오늘날에는 농부들이 밭에서 기르기도 합니다. 경상북도 문경에는 이런 오미자 밭이 많습니다.

제주도에서는 오미자에 달달한 꿀과 설탕을 넣어서 오미자청을 만듭니다. 오미자청은 만든 후 일 년을 두었다가 먹으면 좋습니다. 이렇게 만든 오미자청을 겨울에는 따뜻한 차로 마시고 여름에는 시원한 얼음물에 타서 마십니다. 옛날부터 오미자는 건강에 좋아서 약재로 쓰였습니다. 여름에는 목마름을 줄여 주고, 겨울에는 기침을 멎게 합니다. 오미자는 눈 건강에도 매우 좋습니다. 조선 시대 가장 장수한 영조 임금님은 오미자차를 즐겨 마셨다고 합니다. 오미자로 만든 음료를 마셔 보세요.

사전 평가	평가일: 월 일
걸린 시간	_____ 분 _____ 초
정확도	100 - [틀린 어절 수 _____ 어절] = _____ %

사후 평가	평가일: 월 일
걸린 시간	_____ 분 _____ 초
정확도	100 - [틀린 어절 수 _____ 어절] = _____ %

1분당 정확하게 읽은 어절 수(WCPM) 구하는 방법	$\dfrac{\text{정확하게 읽은 어절 수}}{\text{걸린 시간(초)}} \times 60 = $ _____

사전·사후　설명글

학생용

오미자

　여러분, 오미자를 아세요? 오미자는 다섯 가지 맛이 나는 열매라는 뜻입니다. 오미자는 단맛, 짠맛, 쓴맛, 신맛, 매운맛을 냅니다. 원래 오미자는 태백산이나 지리산 같은 깊은 산속에서 자랐습니다. 그런데 오늘날에는 농부들이 밭에서 기르기도 합니다. 경상북도 문경에는 이런 오미자 밭이 많습니다.

　제주도에서는 오미자에 달달한 꿀과 설탕을 넣어서 오미자청을 만듭니다. 오미자청은 만든 후 일 년을 두었다가 먹으면 좋습니다. 이렇게 만든 오미자청을 겨울에는 따뜻한 차로 마시고 여름에는 시원한 얼음물에 타서 마십니다. 옛날부터 오미자는 건강에 좋아서 약재로 쓰였습니다. 여름에는 목마름을 줄여 주고, 겨울에는 기침을 멎게 합니다. 오미자는 눈 건강에도 매우 좋습니다. 조선 시대 가장 장수한 영조 임금님은 오미자차를 즐겨 마셨다고 합니다. 오미자로 만든 음료를 마셔 보세요.

확인하기 문제 정답

1단원	1일차	2일차	3일차	4일차	5일차	6일차	7일차	8일차	9일차	10일차
쪽수	13	15	17	19	21	23	25	27	29	31
답 1, 2번	1, 1	2, 1	2, 1	1, 2	2, 1	2, 2	2, 1	1, 1	1, 2	2, 2

2단원	11일차	12일차	13일차	14일차	15일차	16일차	17일차	18일차	19일차	20일차
쪽수	37	39	41	43	45	47	49	51	53	55
답 1, 2번	1, 2	2, 2	2, 1	1, 2	2, 2	1, 2	2, 2	2, 2	2, 1	1, 2

3단원	21일차	22일차	23일차	24일차	25일차	26일차	27일차	28일차	29일차	30일차
쪽수	61	63	65	67	69	71	73	75	77	79
답 1, 2번	2, 1	2, 1	1, 2	2, 2	2, 1	1, 2	1, 1	2, 1	1, 1	2, 2

모든 아이들이 즐겁게 읽을 수 있기를!

저자

김중훈 어릴 때부터 장래 희망이 초등학교 선생님이었다. 감사한 마음으로 24년간 학교에서 아이들을 가르쳤다. 공부가 어려운 아이들을 돕기 위해 배움찬찬이연구회 선생님들과 함께 연구하고 실천하고 있다. 『똑똑수학탐험대』, 『찬찬한글』, 『수감각기초연산카드게임활동』, 『나의레켄렉』 등을 연구하고 개발했다.

김소민 아이들과의 만남이 행복한 초등학교 교사이다. 모든 아이들을 위한 배움에 대하여 고민하던 중에 배움찬찬이연구회 선생님들을 만났다. 함께 연구하고 실천하며, 더 행복한 교사가 되었다. 『수감각기초연산카드게임활동』, 『계산자신감3』의 공저자이다.

노소온 경기도에 있는 초등학교에서 특수교사로 아이들을 가르치고 있다. 다양한 방법으로 배우는 아이들에게 어떤 도움을 주어야 하는지 고민하다가 배움찬찬이연구회를 알게 되었다. 아이들에게 배움의 기쁨을 선물하고 싶다. 『수감각기초연산스페셜카드게임활동』, 『계산자신감3』의 공저자이다.

감수

배움찬찬이연구회는 좋은교사운동 산하 전문모임으로 학교 현장의 교사가 중심이 되어 기초학력을 전문적으로 연구하고 실천하고 있다.

일러스트

정수현 경인교육대학교대학원에서 미술교육을 전공했다. 인천의 초등학교에서 아이들을 가르치는 현직 교사이자 아이들을 위한 그림책 『완전 멋진 나』의 저자이다. 그림으로 아이들의 배움에 도움을 주려고 노력하여 『읽기자신감』, 『찬찬한글』, 『따스함』, 『영어자신감』의 일러스트를 그렸다.

참 잘했어요!

1	2	3	4	5
6	7	8	9	10
11	12	13	14	15
16	17	18	19	20
21	22	23	24	25
26	27	28	29	30